POESIAS RECITABLES Y FABULAS PARA NIÑOS

POESIAS RECITABLES Y FABULAS PARA NIÑOS

EDITORES MEXICANOS UNIDOS, S. A.
L. GONZALEZ OBREGON No. 5-B
MEXICO 1, D. F.

Miembro de la Cámara Nacional
de la Industria Editorial. Reg. No. 115

1a. edición 1974

2a. edición septiembre de 1980

3a. edición septiembre de 1981

ISBN 968-15-0290-6

Impreso en México
Printed in Mexico

Distribuidor exclusivo en Venezuela:
Ven-Lee Distribuidora de Ediciones

Ave, Fuerzas Armadas con Ave. Panteón esquina San Miguel - Edificio RODRIMER, Piso 6.

Apartado Postal 4982 - Carmelitas
Caracas, Venezuela.

ROSAS MORENO

Este gran fabulista mexicano, amante de los niños y de la libertad, nació en el mismo corazón de Jalisco; en el pueblo de Lagos en el año de 1838.

Sus grandes dotes de poeta, su bondad innata y su apasionado amor por la patria y la libertad, han hecho de él una figura prócer en la historia de México.

Su vida no fue fácil; sus grandes amores le valieron persecución y cárcel, pero el sabía la profunda verdad de la bienaventuranza: "Bienaventurados los que sufren persecución por justicia. . ." y hasta el final de su vida permaneció fiel a su arraigado idealismo.

Víctima de una larga y cruel enfermedad, murió en 1883.

LA VANIDAD

Un zenzontle canoro,
que en notas admirables
la extraña voz imita
de varios animales,
en su prisión cantando,
al declinar la tarde,
a remedar se puso
al asno miserable.
El dueño de la casa
a los vecinos hace
que dejen sus negocios
y vengan a escucharle.
Todos al par ponderan
su habilidad notable,
y hay una señorita
que trata de comprarle.
El asno los escucha,
y en tono lamentable:
—¡Qué injusta es esta gente,
murmura, y qué ignorante!
Nadie de mí se ocupa,
de mí que soy más grande;
mucho mejor rebuzno
¡y no me elogia nadie!

LA INDISCRECION

Cierta gallina un día
saltando de alegría
de aquí para acullá,
cantando repetía:
¡cá, cá, qué gusto llevo!
¡cá, cá, yo puse un huevo!
!cá, cá, cacaracá!
Y al cabo de una hora,
con voz desgarradora
gritaba de esta suerte:
¡ay!, ¡ay!, dadme la muerte,
desierto el nido está.

Mi huevo se llevaron;
¡ay!, ¡ay! me lo robaron;
¡ay!, ¡ay! ¡cacaracá!
Un gallo que la oía
le dijo: amiga mía,
quí, quí, quiquiriquí;
si usted no publicara
que un huevo ya tenía,
ninguno en él pensara
y aun estuviera allí
¡quí, quí, quiquiriquí!

LA LEY INUTIL

Mandaba cierta ley en cierto Estado,
(moderna ley por cierto),
que siempre con cuidado
fuera andando la cabra en el desierto;
que a los hombres el mono no imitara;
que el toro no embistiera;
que el perro no ladrara;
y que el gato ratones no comiera.

Y además, y la causa bien discurro,
que ya de rebuznar cesara el burro.

La ley se publicó solemnemente;
pero, ay, en mi opinión, inútilmente
porque a su antiguo instinto obedeciendo,
siempre el toro a los hombres embistiendo,
hizo temer sus fuerzas poderosas;
la cabra descendió por las cañadas,
de un abismo saltando en otro abismo;
el mono por costumbre hizo monadas;
el perro sin cesar ladró lo mismo.

Y cual si ley no hubiera.
el burro rebuznó de una manera
que rayaba en locura y en cinismo.

Hay que añadir que el gato,
como animal ingrato,
siguió con los ratones sus contiendas,
y en almuerzos, comidas y meriendas,
nunca probó el sabor de las legumbres.

Son las costumbres leyes,
que en vano intentan reformar los reyes;
pues no cambian las leyes las costumbres.

EL PERRO Y EL GATO

El noble Misifuf, gato goloso,
que era en todo el país ladrón famoso,
entraba a la despensa cada día
por oculto camino,
y allí con alegría
fiero destrozo hacía
en el queso, en el pan y en el tocino.
Miraba el dueño el daño,
y quien era el ladrón no adivinaba;
pero una vez que Misifuf sacaba
una torta de pan de buen tamaño,
Milord, el vigilante,
el perro favorito,
del hábil gato descubrió el delito,
y la torta quitándole arrogante:
—¡Pérfido, infame gato,
ira me causa verte!
le dijo con colérico arrebato.
¡Por vil y por ladrón y por ingrato
morir será tu suerte,
que el robo se castiga con la muerte!
¿Cómo tienes, infame, la osadía
de escarnecer el código sagrado

que nuestra sociedad ha sancionado?...
¡Oh, cuánta corrupción hay en el día!
Tu vida será corta...
Yo mucho he de gozar de tu agonía...
Y tanto que decía
con gran delicia se comió la torta.

Hay en el mundo número no escaso
de apreciables varones,
que de moral y leyes dan lecciones,
y cuando llega el caso
desmienten la moral con sus acciones.

FELIX MARIA SAMANIEGO

Félix M. Samaniego, nació en el año de 1745. Su patria fue España. Su enseñanza universal.

Por su preocupación para obtener de sus fábulas una edificante enseñanza moral, por el donaire y facilidad en el manejo del lenguaje y por su inclinación a la labor didáctica, Samaniego ha sido considerado como el Esopo de las letras Españolas.

No obstante que su actividad literaria, se reparte entre los variadísimos campos de las letras, fue en las fábulas donde alcanzó categoría de auténtico maestro.

Sus *Observaciones*, el *Memorial de Cosme Damián* y sus *Fábulas Morales*, justifican su popularidad literaria.

Murió en 1801, a los 56 años de edad.

LA CIGARRA Y LA HORMIGA

Cantando la Cigarra
Pasó el verano entero,
Sin hacer provisiones
Allá para el invierno.
Los fríos la obligaron
A guardar el silencio
Y acogerse al abrigo
De su estrecho aposento.
Vióse desproveída
Del precioso sustento,
Sin moscas, sin gusanos,
Sin trigo y sin centeno.
Habitaba la Hormiga
Allí tabique en medio,
Y con mil expresiones
De atención y respeto
Le dijo: —Doña Hormiga,
Pues que en vuestros graneros
Sobran las provisiones
Para vuestro alimento,
Prestad alguna cosa
Con que viva este invierno
Esta triste Cigarra

Que, alegre en otro tiempo,
Nunca conoció el daño,
Nunca supo temerlo.
No dudéis en prestarme,
Que fielmente prometo
Pagaros con ganancias,
Por el nombre que tengo.—
La codiciosa Hormiga
Respondió con denuedo,
Ocultando a la espalda
Las llaves del granero:
—¡Yo prestar lo que gano
Con un trabajo inmenso!
Dime, pues, holgazana:
¿Qué has hecho en el buen tiempo?
—Yo —dijo la Cigarra—,
A todo pasajero
Cantaba alegremente,
Sin cesar ni un momento.
—¡Hola! ¿Conque cantabas
Cuando yo andaba al remo?
¡Pues ahora que yo como,
Baila, pese a tu cuerpo!

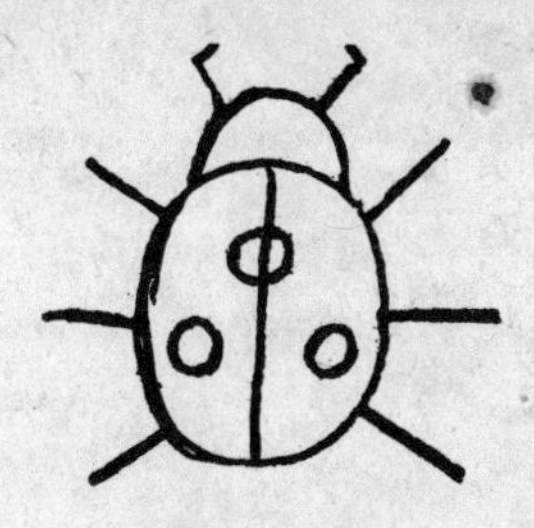

EL CUERVO Y EL ZORRO

En la rama de un árbol,
Bien ufano y contento,
Con un queso en el pico,
Estaba un señor Cuervo.
Del olor atraído,
Un Zorro muy maestro
Le dijo estas palabras
A poco más o menos:
—¡Tenga usted buenos días,
Señor Cuervo, mi dueño!
¡Vaya, que estáis donoso,
Mono, lindo en extremo!
Yo no gasto lisonjas,
Y digo lo que siento;
Que si a tu bella traza
Corresponde el gorjeo,
Juro a la diosa Ceres,
Siendo testigo el Cielo,
Que tú serás el fénix
De sus vastos imperios.—
Al oír un discurso
Tan dulce y halagüeño,
De vanidad llevado,

Quiso cantar el Cuervo:
Abrió su negro pico,
Dejó caer el queso.
El muy astuto Zorro,
Después de haberlo preso,
Le dijo: —¡Señor bobo,
Pues sin otro alimento
Quedáis con alabanzas
Tan hinchado y repleto,
Digerid las lisonjas
Mientras digiero el queso!
Quien oye aduladores,
Nunca espere otro premio.

LOS CANGREJOS

Los más autorizados, los más viejos
De todos los Canrgejos
Una gran asamblea celebraron.
Entre los graves puntos que trataron,
A propuesta de un docto presidente,
Como resolución la más urgente
Tomaron la que sigue: «Pues que al mundo
Estamos dando ejemplo sin segundo,
El más vil y grosero,
En andar hacia atrás como el soguero;
Siendo cierto también que los ancianos,
Duros de pies y manos,
Causándonos los años pesadumbre,
No podemos vencer nuestra costumbre,
Toda madre, desde este mismo instante,
Ha de enseñar a andar hacia adelante
A sus hijos, y dure la enseñanza
Hasta quitar del mundo tal usanza.»
—¡Garras a la obra! —dicen las maestras
Que se creían diestras,
Y, sin dejar ninguno,
Ordenan a sus hijos, uno a uno,
Que muevan sus patitas blandamente

Hacia adelante sucesivamente.
Pasito a paso, al modo que podían,
Ellos obedecían;
Pero al ver a sus madres que marchaban
Al revés de lo que ellas enseñaban,
Olvidando los nuevos rudimentos,
Imitaban sus pasos más contentos.
Repetían las madres sus lecciones;
Mas no bastaban teóricas razones,
Porque obraba en los jóvenes Cangrejos
Sólo un ejemplo más que mil consejos.
Cada maestra se aflige y desconsuela
No pudiendo hacer práctica su escuela;
De modo que, en efecto,
Abandonaron todas el proyecto.
Los magistrados saben el suceso,
Y en su pleno congreso
La nueva ley al punto derogaron,
Porque se aseguraron
De que en vano intentaban la reforma,
Cuando ellos no sabían ser la norma.

Y es así que la fuerza de las leyes
Suele ser el ejemplo de los reyes.

EL ASNO Y EL LOBO

Un Burro cojo vio que le seguía
Un Lobo cazador, y, no pudiendo
Huir de su enemigo, le decía:
—Amigo Lobo, yo me estoy muriendo;
Me acaban por instantes los dolores
De este maldito pie de que cojeo.
Si yo no me valiese de herradores,
No me vería así como me veo.
Y pues fallezco, sé caritativo:
Sácame con los dientes este clavo.
Muera yo sin dolor tan excesivo,
Y cómeme después de cabo a rabo.
—¡Oh! —dijo el cazador con ironía,
Contando con la presa ya en la mano—.
¡No solamente sé la anatomía,
Sino que soy perfecto cirujano!
El caso es para mí una patarata:
La operación, no más que de un momento.
¡Alargue bien la pata,
Y no se me acobarde, buen jumento!—
Con su estuche molar desenvainado,
El nuevo profesor llega al doliente;
Mas éste le dispara de contado

Una coz que le deja sin un diente.
Escapa el cojo; pero el triste herido
Llorando se quedó su desventura.
—¡Ay, infeliz de mí! ¡Bien merecido
El pago tengo de mi gran locura!

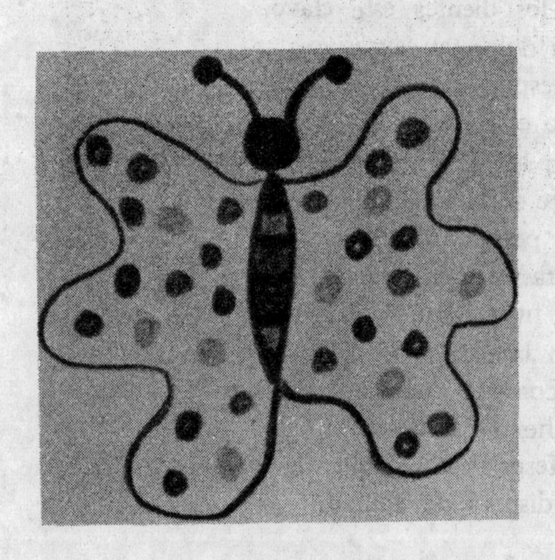

EL AGUILA Y LA ASAMBLEA DE LOS ANIMALES

Todos los animales cada instante
Se quejaban a Júpiter Tonante
De la misma manera
Que si fuese un alcalde de montera.
El dios, y con razón, amostazado,
Viéndose importunado,
Por dar fin de una vez a las querellas,
En lugar de sus rayos y centellas,
De receptor envía desde el cielo
Al Aguila rapante, que de un vuelo
En la tierra juntó a los animales
Y expusieron, en suma, cosas tales:
Pidió el León la astucia del Raposo;
Este, de aquél lo fuerte y valeroso;
Envidió la Paloma al Gallo fiero
El Gallo, a la Paloma en lo ligero;
Quiere el Sabueso patas más felices,
Y cuenta como nada sus narices;
El Galgo lo contrario solicita;
Y en fin, ¡cosa inaudita!,
Los Peces, de las ondas ya cansados,
Quieren poblar los bosques y los prados;

Y las bestias, dejando sus lugares,
Surcar las olas de los anchos mares.
Después de oírlo todo,
El Aguila concluye de este modo:
—¿Ves, maldita caterva impertinente,
Que entre tanto viviente
De uno y otro elemento
Pues nadie está contento,
No se encuentra feliz ningún destino?
¿Pues para qué envidiar al del vecino?—
Con sólo este discurso,
Aun el bruto mayor de aquel concurso
Se dio por convencido.

De modo que es sabido
Que ya sólo se matan los humanos
En envidiar la suerte a sus hermanos.

JUAN DE LA FONTAINE

Lafontaine, el más popular de los fabulistas modernos, nació en Chateau-Thierry en el año 1621.

Inició estudios eclesiásticos que abandonó por falta de vocación, cursando la carrera de derecho y ejerciendo más tarde la abogacía. Fue protegido por Fouquét, el célebre ministro de Luis XIV. Su vida transcurrió entre el ambiente aristocrático de la capital Francesa.

Su obra, sus fábulas, son versiones libres de las creaciones de Esopo y de Fedro. La originalidad de Lafontaine, consiste en hahber actualizado la obra de aquellos fabulistas subrayando las faltas y los defectos de sus contemporáneos.

Murió en París en 1695.

CONSEJO CELEBRADO POR LAS RATAS

Rodilardo (así un gato se llamaba)
Tal estrago en las ratas producía,
Que apenas una que otra se encontraba,
Pues casi a todas enterrado había.
Las pocas que a sus garras escaparon,
Abandonar no osando su agujero,
Nunca la cuarta parte contentaron
De su apetito fiero.
Así don Rodilardo era tenido
Entre toda esa gente miserable,
No por un gato fino y apreciable
Sino por un demonio mal nacido.
Cierta ocasión se marcha enamorado
A buscar a su esposa en un tejado;
Mientras con ella a platicar se entrega,
El resto de las ratas se congrega,
Y en rincón apartado
Capítulo celebre muy urgente
Sobre la gran necesidad presente.
Desde luego el Decano,
Persona muy juiciosa y muy prudente
En discurso conciso

Opina que cuanto antes es preciso
Poner al enemigo veterano
Un cascabel al cuello;
Y así cuando avanzara en son de guerra,
Apercibidas de ello
Al punto correrían
Un abrigo a buscar bajo la tierra;
Nunca mejor remedio encontrarían;
La opinión del Decano fue aprobada,
Que a todos pareció muy saludable;
Lo difícil del caso... ¡no era nada!
¿Quién al cuello del gato formidable
El salvador cencerro colgaría?
Dijo una con franqueza que no iría
Porque no era tonta;
Otra manifestó que estaba pronta,
Pero que hacer tal cosa no sabría;
Y la sesión al fin fue levantada
Sin haber hecho nada.
Capítulos he visto numerosos
Que para nada congregados fueron,
Y no ratas, sesudos religiosos
Y canónigos graves los tuvieron
Para deliberar sobre un asunto
El capítulo abunda en consiliarios;
Si acaso para obrar son necesarios,
Se excusan todos sin remedio al punto.

EL AVARO QUE HA PERDIDO SU TESORO

Es solamente el empleo
El que hace la posesión:
Yo pregunto a las personas
Que atesoran con furor
Y en ver suma sobre suma
Cifran toda su ilusión,
¿Qué ventaja sobre otro hombre
De aquello les resultó?
Porque tan rico es cual ellos
Diógenes en su rincón,
Y cual mendigo el Avaro
Siempre en el mundo vivió,
Un hombre que su dinero
Enterró por precaución,
Y de quien nos habla Esopo,
Servirá de ejemplo *ad hoc.*
Este infeliz esperaba,
Vivir segunda ocasión
Para gozar de sus bienes,
Y se diría en rigor
Que en vez de poseer el oro,
El oro le poseyó.
Guardado en la tierra había

Y con ella el corazón,
Una suma respetable;
Era su placer mayor
Recordar de noche y día
Tan preciosa inhumación,
Y su bien era sagrado
Para el mismo posesor.
Yendo y viniendo pensaba
En él con viva pasión;
Soñaba con él durmiendo,
Nunca al beber le olvidó,
Y siempre cuando comía
Ocupaba su atención.
Al lugar del escondite
Al fin tantas vueltas dio,
Que alguno que le observaba
Sospechó la inhumación,
Y sin decírselo a nadie
El oro desenterró.
Nuestro avaro, pues, el nido,
Sólo halla cierta ocasión.
Vierte lágrimas amargas,
Gime con sumo dolor,
Y suspira y se atormenta,
Desgarrado el corazón.
Un pasajero la causa
De sus gritos preguntó.

—"Es que mi rico tesoro
Se le ha llevado un ladrón".
—"¡Vuestro tesoro! ¿y de dónde
Ese ladrón le tomó?"
—"De allí, junto a ese pedrusco".
—"¿Acaso estamos, señor,
En pleno tiempo de guerra,
Que tan lejos le llevó?
Si en vez de haberle cambiado
De tal modo de mansión
Le deja en su gabinete,
Hubiera obrado mejor,
Y a todas horas podido
Tomar de él a discreción".
—"¡Pues no faltaba otra cosa!
A todas horas, ¡gran Dios!
¿Acaso viene el dinero
Como se va? —Respondió
Estupefacto el avaro.
"Nunca, en ninguna ocasión,
He tocado a mi tesoro".
—"Dígame usted, por favor,
Entonces, ¿por qué se aflige?"
El otro le respondió.
"Pues si jamás el dinero
Tuvo a su disposición,
Con poner alguna piedra
En su lugar, se acabó.

EL LABRADOR Y SUS HIJOS

Trabajad, porque el trabajo
Es el capital más fijo.
De morir estando a punto
Cierto Labrador muy rico,
Mandó que a su cabecera
Se presentaran sus hijos,
Porque decirles quería
Una cosa sin testigos.
—"Jamás vender os ocurra,
Con gran misterio les dijo,
La herencia de nuestros padres,
Porque un tesoro escondido
Hay en ella; no conozco
Yo del escondite el sitio,
Pero un poco de trabajo
Os le hará encontrar de fijo.
Luego que hagáis la cosecha
Removed el campo listos,
Cavad, registradlo todo,
Y que no haya un solo sitio
Que no toque vuestra mano".
El padre murió, y los hijos
Todo el campo removieron

Con cuidados infinitos,
De modo que al fin del año
Produjo más beneficios.
Nunca encontraron por cierto
Aquel dinero escondido;
Pero el padre fue muy sabio.
Porque así mostrarles quiso
Que el trabajo infatigable
Es un tesoro muy rico.

TOMAS DE IRIARTE

Nació don Tomás Iriarte en el pueblo de Orotas, en las Islas Canarias, en el año 1750. Bajo la tutela de su tío, el cultísimo humanista, don Juan de Iriarte inició sus estudios.

Como fabulista Iriarte ha sido una de las figuras más destacadas de la literatura española, por la profunda intención ética de sus moralejas y la perfecta construcción de sus composiciones, presencia evidente de la formación humanística que recibió bajo las enseñanzas de su tío.

Como autor de teatro, ha sido fácilmente olvidado, sin embargo, su obra en este género tiene cierta importancia documental por su fondo costumbrista.

Célebres son sus polémicas con grandes figuras de las letras de su tiempo; López de Sedano, Meléndez y especialmente con otro fabulista: Samaniego.

Murió en el año de 1791.

EL BURRO FLAUTISTA

Sin reglas del arte, el que en algo
acierta, acierta por casualidad.

Esta fabulilla,
Salga bien o mal,
Me ha ocurrido ahora
Por casualidad.
Cerca de unos prados
Que hay en mi lugar,
Pasaba un Borrico
Por casualidad.
Una flauta en ellos
Halló, que un zagal
Se dejó olvidada
Por casualidad.
Acercóse a olerla
El dicho animal,
Y dio un resoplido
Por casualidad.
En la flauta el aire
Se hubo de colar,
Y sonó la flauta
Por casualidad.

"¡Oh!, dijo el Borrico:
¡Qué bien sé tocar!
¡Y dirán que es mala
La música asnal!"

Sin reglas del arte,
Borriquitos hay
Que una vez aciertan
Por casualidad.

por más señas, de los ricos.

El marido y la mujer
gritan con mil desacatos:
—¡A ese modo de romper
no ganamos para platos!—

Continuó la pelotera,
y cuentan que al otro día
en un plato de madera
el pobre viejo comía;

mas tan mal se las compuso,
como estaba tan temblón,
que pan y manteles puso
hechos una perdición.

—¡Esto ya pasa de raya!
(gritan marido y mujer);
levántese usted y vaya
a la cocina a comer;

y si allí no le conviene,
vaya a comer al establo,
que a todos dados nos tiene
con su suciedad al diablo.—

En cuanto oyó este consejo
o más bien este mandato,
bajó la cabeza el viejo
y se largó con su plato;

y desde aquella función
despachaba en la cocina

Esto no dice el refrán;
Pero lo dice una historia,
De que apenas hay memoria.
Por ser el autor muy raro
(Y poner el hecho en claro
No le habrá costado poco).
El no supo, ni tampoco
He podido saber yo,
Si la Mona se embarcó,
O si rodeó tal vez
Por el istmo de Suez:
Lo que averiguado está
Es que por fin llegó allá.
Vióse la señora mía
En la amable compañía
De tanta mona desnuda;
Y cada cual la saluda
Como a un alto personaje,
admirándose del traje
Y suponiendo sería
Mucha la sabiduría,
Ingenio y tino mental
Del petimetre animal.
Opinan luego al instante,
Y*némine discrepante*,
Que a la nueva compañera
La dirección se confiera
De cierta gran correría,

Con que buscar se debía
En aquel país tan vasto
La provisión para el gasto
De toda la mona tropa.
(¡Lo que es tener buena ropa!)
La directora, marchando
Con las huestes de su mando,
Perdió, no sólo el camino,
Sino, lo que es más, el tino;
Y sus necias compañeras
Atravesaron laderas,
Bosques, valles, cerros, llanos,
Desiertos, ríos, pantanos.
Y al cabo de la jornada
Ninguna dio palotada;
Y eso que en toda su vida
Hicieron otra salida
En que fuese el capitán
Más tieso, ni más galán.
Por poco no queda mona
A vida con la intentona;
Y vieron por experiencia
Que la ropa no da ciencia.

Pero, sin ir a Tetuán,
También acá se hallarán
Monos que, aunque se vistan de estudiantes.
Se han de quedar lo mismo que eran antes.

LA MUSICA DE LOS ANIMALES

Cuando se trabaja una obra entre muchos, cada uno quiere apropiársela si es buena, y echa la culpa a los otros si es mala.

Atención, noble auditorio,
Que la bandurria he templado,
Y han de dar gracias cuando oigan
La jácara que les canto
En la corte del León,
Día de su cumpleaños,
Unos cuantos animales
Dispusieron un sarao;
Y para darle principio
Con el debido aparato,
Creyeron que una academia
De música era del caso.
Como en esto de elegir
Los papeles adecuados
No todas veces se tiene
El acierto necesario,
Ni hablaron del ruiseñor,
Ni del mirlo se acordaron

Ni se trató de calandria
De jilguero ni canario.
Menos hábiles cantores,
Aunque más determinados
Se ofrecieron a tomar
La diversión a su cargo.
Antes de llegar la hora
Del canticio preparado,
Cada músico decía:
"¡Ustedes verán qué rato!"
Y al fin la capilla junta
Se presenta en el estrado,
Compuesta de los siguientes
Diestrísimos operarios:
Los tiples eran dos Grillos;
Rana y Cigarra, contraltos;
Dos Tábanos, los tenores;
El Cerdo y el Burro, bajos.
Con qué agradable cadencia,
Con qué acento delicado
La música sonaría,
No es menester ponderarlo;
Baste decir que los más
Las orejas se taparon,
Y por respeto al León
Disimularon el chasco.
La rana por los semblantes

Bien conoció, sin embargo,
Que habían de ser muy pocas
Las palmadas y los bravos.
Salióse del corro y dijo:
"¡Cómo desentona el Asno!"
Este replicó: "Los tiples
Sí que están desentonados—.
Quien lo echa todo a perder
(Añadió un Grillo chillando),
Es el Cerdo—. Poco a poco
(Respondió luego el Marrano)
Nadie desafina más
Que la Cigarra, contralto—.
Tenga modo, y hable bien
(Saltó la Cigarra); es falso;
Esos Tábanos tenores
Son los autores del daño".

Cortó el León la disputa,
Diciendo: "¡Grandes bellacos!
¿Antes de empezar la solfa,
No la estabais celebrando?
Cada uno para sí
Pretendía los aplausos,
Como que se debería
Todo el acierto a su canto;
Mas viendo ya que el concierto
Es un infierno abreviado,

Nadie quiere parte en él,
Y a los otros hace cargos.
Jamás volváis a poneros
En mi presencia: ¡mudaos!
Que si otra vez me cantáis,
Tengo de hacer un estrago".

¡Así permitiera el Cielo
Que sucediera otro tanto
Cuando, trabajando a escote
Tres escritores o cuatro,
Cada cual quiere la gloria,
Si es bueno el libro, o mediano;
Y los compañeros tienen
La culpa, si sale malo!

ANTONIO TRUEBA

Oriundo del Norte de España, Antonio Trueba nació en el pueblecito de Montellano (Vizcaya) en diciembre de 1819.

De muy joven se trasladó a Madrid donde su padre lo dedicó al comercio trabajando en una ferretería. Sin embargo la vocación literaria de Antonio Trueba, fue más fuerte que los designios de su padre y siguiendo los dictados de su inclinación, en 1850 publicó su primer libro bajo el título de *Fábulas de la educación*. En los años siguientes, vio premiada su dedicación a las letras con los libros *El Cid Campeador* y su famoso *Libro de los Cantares*.

El día 10 de marzo de 1889 murió en la capital de su provincia natal.

EL EJEMPLO

Cuenta un francés, cuyo nombre
huyó de nuestra memoria,
porque fácilmente al hombre
se le va el santo a la gloria;
cuenta, repito, que un día
en una ciudad que expresa,
se sentó como solía
una familia a la mesa.
Según los datos completos
que tenemos a la vista,
constaba de los sujetos
que marca la adjunta lista:
un viejo temblón y cano
dos esposos, por lo visto
hijo y nuera del anciano,
y un niño travieso y listo.
Cada cual con mucho celo
el estómago repara;
mas hete que al pobre abuelo
se le escurre la cuchara,
y como ésta es de metal,
hace doscientos añicos
un plato de pedernal,

LA MONA

Hay trajes propios de algunas profesiones literarias, con los cuales aparentan muchos el talento que no tienen.

Aunque se vista de seda
La Mona, Mona se queda.
El refrán lo dice así;
Yo también lo diré aquí,
Y con eso lo verán
En fábula y en refrán.

Un traje de colorines,
Como el de los matachines,
Cierta Mona se vistió;
Aunque más bien creo yo
Que su amo la vestiría,
Porque difícil sería
Que tela y sastre encontrase.
El refrán lo dice: pase.

Viéndose ya tan galana
Saltó por una ventana
Al tejado de un vecino,
Y de allí tomó el camino
Para volverse a Tetuán.

tristemente su ración
por evitar tremolina.
Llorando el anciano un día
la ingratitud de sus hijos,
sus tristes ojos tenía
el pobre en su nieto fijos.
Y al ver que un madero grueso
el niño afanoso esconde
le dice: —¿Para qué es eso?—
Y su nieto le responde:
—De este madero saldrá
un plato de buena clase
para que papá y mamá
coman cuando yo me case.—
Y exclama el mísero anciano:
—¡Hará lo que hacen conmigo!
¡Dios mío! ¡Tu santa mano
puso en la culpa el castigo!—

NO LO HAGAS Y NO LA TEMAS

Tras esfuerzos no pequeños,
en una casa un ladrón
se introdujo, en ocasión
que estaban fuera los dueños.
Todavía era aprendiz
y no pecaba de listo,
mas le dieron por lo visto
las onzas en la nariz,
porque como una saeta
se plantó en un gabinete
y sacó en un periquete
más de mil de una gaveta.
Sobre un tocador el saco
colocó, de onzas repleto,
y se puso a atarle prieto
el descendiente de Caco;
bajo la capa le mete
al fin con mano resuelta,
pero de pronto le suelta
y lo mismo que un cohete
escapa por la ventana,
pues o tiene trampantojos
o acaban de ver sus ojos

allí una figura humana.
A ser el ladrón más viejo
no hubiera escapado, no;
pues la figura que vio
fue la suya en el espejo.

¡Con cuánta razón, con cuánta
cierto filósofo ha escrito
que a quien cometió un delito
su propia sombra le espanta!

AMBICION Y SOBERBIA

Levantáronse temprano
un día Juan y Rufino
y tomaron el camino
de un montecillo cercano.
Al terminar una cuesta
de donde el valle se ve,
se detuvieron al pie
de una encina muy enhiesta.
Ambos la vista tendieron
hacia el lejano horizonte,
y un monte tras otro monte
sus ojos ávidos vieron.
Rufino por ver se empina,
y exclama: —¡Jesús qué encanto!...
Si desde aquí se ve tanto,
¿qué será desde esa encina?
Y haciendo la ropa añicos,
trepan, sudando de veras,
hasta las ramas primeras
del árbol, entrambos chicos.
Ven, henchidos de placer,
nuevas llanuras y montes;
pero nuevos horizontes

Rufino desea ver,
y dice: —Si media Europa
se ve desde aquí, yo espero
ver el universo entero
si trepamos a la copa.
¡Arriba, Juan! —No me place
(contesta muy quieto Juan);
no me place, pues mi afán
lo que veo satisface.
Si tú, de cordura falto,
más arriba te encaramas,
ásete bien a las ramas,
que puedes bajar de un salto.—
—¡Ay de ti como en Castilla
tu cobardía se sepa!
(exclama Rufino), y trepa
más ligero que una ardilla,
diciendo en su altura vano:
—¿No quieres subir aquí?
Pues mira un gigante en mí
y tente por un enano.—
—Cesa en tu soberbio arenga
(contesta con calma Juan),
pues si sopla el huracán,
Dios de su mano te tenga.—
Un fuerte viento solano
sopló en aquel mismo instante

y se vio enano el gigante
y fue gigante el enano,
pues en su altura quedó
quien no quiso alzarse al cielo,
y entre las piedras del suelo
el soberbio se estrelló.

Yo siempre por cierto tuve
que en la humildad hay ventaja:
el que más sube más baja
y el que más baja más sube.

CAYETANO FERNANDEZ

Natural de Cádiz, Cayetano Fernández, nació en el año 1820.

Siguiendo su vocación religiosa, cursó estudios eclesiásticos que terminó en 1852. Fue preceptor en religión y moral del rey de España Alfonso XII y en 1866 la Real Academia Española lo recibió en su seno, siendo nombrado bibliotecario de la Biblioteca Colombina.

Además de las fábulas compuso otros libros, entre ellos el discutido *Don Fabián de Miranda*.

Murió en Sevilla en el año de 1901.

LA LENGUA Y LA ESPADA

Una Lengua y una Espada
cayeron un día presas;
aquélla por viperina,
estotra por pendenciera.

Y al verse en la cárcel juntas,
formando otros presos rueda,
después de amables saludos
se hablaron de esta manera:

—¿Qué has hecho tú, peleona?
(dijo a la Espada la Lengua).—
—He dado unas cuchilladas
(repuso vibrando aquélla).

»Además, en guerra injusta
he fulminado sangrienta;
y al cabo, como soy fuerte,
he cometido violencias.—

—¿Y por esas niñerías
(responde la otra) te pescan?
¡Vaya, vaya! no te apures;
escucha, verás lindezas:

»Yo profiero cada día
por millares las blasfemias;
voto más que un carretero,
miento más que la Gaceta.

»Juro en falso, y por mi dicho
a más de un pobre trompeta
hicieron morir hailando,
colgándole de una cuerda.

»Murmurar es mi delicia,
la calumnia, mi sistema,
no dejando honor seguro
ni en casada ni en doncella.

»Desuno lcs matrimonios,
rompo amistades eternas,
y, atizando la discordia,
destruyo la paz doméstica.

»Y es lo peor de mis gracias
(aunque todas son perversas)
que los daños que ocasiono
tarde o nunca se remedian.

»Adulo a los poderosos,
trato al pobre a la baqueta,
siembro luto en las familias
con fraudc, estafas y afrentas.

»Divido los ciudadanos
con mis programas y arengas,
y al pueblo simple alboroto
con patrañas y quimeras.

»Yo turbo la paz del mundo
con mil intrigas funestas,
y entre naciones y reyes
gozo avivando la guerra.

»Y por fin, si no atajaran
el furor que me envenena,
cenizas hiciera el orbe
con mis ardientes saetas.—
—¡Cielo santo! (exclaman todos
los nenes de la caterva).
Y santiguándose muchos,
sentaron por cosa cierta:
Que la Espada es una monja
en vista de su pareja.

Pues no hay pecados peores
que los pecados de lengua.

EL ARMIÑO, EL CASTOR Y EL JABALI

Un Armiño y un Castor,
con un Jabalí mozuelo,
se lanzaron, sin recelo,
a buscar vida mejor.

Y dejando con fe viva
floresta, lago y maleza,
lejos van de la pobreza
de su estancia primitiva.

Después de penoso viaje
por desiertos y entre abrojos,
al fin descubren sus ojos
un riquísimo paisaje.

Y en él bosques y frescura,
jardines y frutos tantos,
que allí vertió sus encantos
con profusión la natura.

Gozaron los peregrinos,
al ver tan hermosos llanos,
lo que Eneas y troyanos
al ver campos latinos.

Mas no hay ventura sin quiebras:
Un gran pantano de cieno
han de pasar; y está lleno
¡ay! de sapos y culebras.

Detuvieron los tres
a su borde embadurnado,
y el Armiño delicado
metió con tiento los pies.

Mas retíralos bien listo,
diciendo, al par, muy en ello:
—El paraje es rico, bello...
mas no conviene, está visto.

»Para llegar hasta él
preciso es andar por lodo,
y yo lo perdono todo
por no deslucir mi piel.—

Y el buen Castor, circunspecto,
repone: —¡Hermanos, paciencia!
el tiempo nos sobra y ciencia:

»En dos meses, sin premuras,
os doy un puente acabado;
y pasáis al otro lado
sin fango ni mordeduras.—

—¡Dos meses! ¡Valiente plomo!
(dice airado el Jabalí),

yo he de estar más pronto allí:
atended, y veréis cómo.—

¡Zis! ¡Zis! y sin más perfiles,
enfatigándose hasta el rabo,
marcha... empuja... llega al cabo,
sorteando los reptiles.

Y mientras sacude el lodo,
y limpia sus pies ligeros,
a sus necios compañeros
gritó, y dijo de este modo:

—No se ha hecho el paraíso
para fatuos ni poltrones:
¡Esfuerzo grande es preciso!
Dad al hombre estas lecciones,
y que aproveche el aviso.—

LOS DOS GATOS

En un volver de narices
del cocinero Juan Natas,
el Morrongo y Zampa-Ratas
atraparon dos perdices.

(Que no sólo acá *inter nos*,
sino entre gente gatuna,
debe ser buena fortuna
para dos perdices, dos.)

Mas como (un sabio lo advierte)
omnis saturatio mala (1),
cada gato, al fin, exhala
hondos maullidos de muerte.

En tan aflictivo lance,
Morrongo, gatazo feo,
interroga a su correo:
—¿Qué hacemos en este trance?—

Y responde: —Fuera bueno
chupar jugos alcohólicos,

(1) Toda hartura es dañosa.

que en estos pícaros cólicos
hacen lanzar el veneno.—

—No tal; que en la vomitona
(replica el otro maldito)
saldrá el cuerpo del delito;
y entonces ¿quién nos abona?

Nos tendrán ya por ladrones,
y, sin formas de proceso,
castigarán el exceso
con los palos de escobones.—

—¿Y quieres morir mejor,
endemoniado Morrongo?—
—Sí: primero me propongo
ser mártir que confesor.—

—Pues yo lanzaré muy presto,
aunque sepan mi pecado.—
—Y yo espero agapado
a ver en qué para esto.—

¿Y en qué paró? Zampa-Ratas
chupó emética raíz,
y vomitó su perdiz
con pico, plumas y patas.

Lo cual notado por Juan,
que andaba listo en acecho,

compadecido del hecho,
le perdonó sin afán.

Morrongo, por el contrario,
por no sucumbir al vómito,
rebelde, cobarde, indómito.
reventó tras de un armario.

¡Cuántos niños desdichados
sufrirán la misma suerte!
Pues sin temor confesados,
del alma causan la muerte
por ocultar sus pecados.

ESOPO

Pocos datos tenemos sobre la existencia de este genial fabulista helénico. Su figura entra un poco al campo de la leyenda. Parece que fue originario de Frigia y que vivió en el siglo VI antes de N. S. J. Fue esclavo de un filósofo de Samos quien llevó a la corte del rey Creso en Lidia.

Por el testimonio de sus conciudadanos, sabemos que fue de cuerpo deforme a causa de su obesidad y de una prominente joroba.

Esopo fue célebre en su tiempo como autor o *recitador* de fábulas y por su talento en ese género literario, obtuvo la admiración de las figuras más distinguidas del pensamiento helénico.

Murió en forma violenta en la ciudad de Delfos.

LA GALLINA DE LOS HUEVOS DE ORO

Cierto hombre era dueño de una gallina que ponía huevos de oro, y creyendo que dentro de ella encontraría una buena cantidad de este metal, decidió matarla. Pero se equivocó en sus presunciones, pues la halló semejante a las demás gallinas, y de este modo, por haber ambicionado una gran riqueza, perdió la pequeña que poseía.

Moraleja: esta fábula enseña que cada uno debe estar contento con los bienes que tiene, sin entregarse a la codicia.

EL PERRO Y EL COCINERO

Un perro entró en una cocina a tiempo que el cocinero estaba sumamente atareado y apoderándose de un corazón, huyó con el producto de su robo. Volvióse el cocinero al oírle, y viendo al cán que huía, le gritó.

¡Oh tú! Te aseguro que dondequiera que te vuelva a ver, me guardaré de ti. De modo que, robándome ese corazón, me has dado otro.

Moraleja: esta fábula demuestra que, muchas veces, los contratiempos suelen convertirse en lecciones útiles.

LA TORTUGA

Rogaba una tortuga a un águila que la enseñase a volar, y ésta le decía que era cosa ajena a su naturaleza. Pero como aquélla insistiese tanto en su pretensión, acabó por tomarla en las garras y llevarla por los aires. Luego la dejó caer, y la tortuga se estrelló contra las piedras.

Moraleja: esta fábula avisa a los muchos que, por no querer seguir los consejos de aquellos que tienen más prudencia, se perjudican llevando adelante sus empeños temerarios.

LA HORMIGA Y LA PALOMA

Una hormiga sedienta bajó hasta un arroyo, y arrastrada por la corriente, sin ningún medio de sustraerse a la misma, iba a ahogarse. La vio una paloma, y compadecida de la desgracia de la hormiga, tomando una ramita de árbol, la arrojó al agua. Acogióse a él la hormiga, y así se pudo salvar. Después de esto, un cazador, habiendo preparado sus varas, iba a atrapar la paloma; pero habiéndole observado la hormiga, le picó un pie. Y el cazador, a causa del dolor que sintió, tiró las varas y la paloma pudo huir.

Moraleja: esta fábula enseña que debemos ser agradecidos con los que nos hacen bien.

JUAN EUGENIO HARTZENBUSCH

De ascendencia alemana, Don Juan Eugenio Hartzenbusch, nació en Madrid en 1806. Inició estudios eclesiásticos que abandonó para dedicarse a la pintura. A causa de un revés en la fortuna de su padre, tuvo que trabajar de ebanista estudiando literatura y versificación en sus ratos libres.

A los treinta años estrenó su famosísimo drama "Los amantes de Teruel"; a partir de este momento su fama como escritor fue creciendo de día en día.

Sus fábulas son un modelo de corrección, y las tres que hemos seleccionados son las más características y famosas de su obra.

Murió en la capital de España el día 2 de agosto de 1880.

LA ROSA Y LA ZARZA

Murmuraba impaciente
una rosa naciente
del cautiverio duro que sufría,
porque una Zarza espesa la tenía
con sus punzantes vástagos cercada.
—Yo —sin cesar decía,—
yo no disfruto aquí ni sé de nada:
sin un rayo de sol, tasado el aire,
desperdicio, de todos ignorada,
y entre espinas incómodas reclusa,
mi fragancia, colores y donaire.—
La Zarza respondió: —Joven ilusa,
tu previsión escasa,
del bien que te hago, sin razón me acusa.
Bajo mis ramas a cubierto vives
del sol canicular que nos abrasa;
el golpe no recibes
del granizo cruel que nos deshoja;
y ese muro de espinas que te enoja,
defiende tu hermosura
de que una mano rústica la coja.—
La flor entonces, de despecho roja,
—¡Malhaya —replicó— la ruin cordura

que de riesgos que no hay, tiembla y se apu-
No fue la maldición echada en vano [ra!—
A los pocos momentos un villano
llega con la cortante podadera:
la despiada mano
descarga en el zarzal; hiere, destroza,
y tan completamente me le roza,
que ni un retoño le dejó siquiera.

Poco de la catástrofe se duele,
persuadida la Rosa de que gana,
quedándose sin aya que la cele.

Descanse en paz la rígida guardiana
¡Qué feliz su discípula es ahora!
Bañada en el relente de la aurora,
descoge con orgullo
su tierno y odorífero capullo:
princesa de las flores
la proclaman los pájaros cantores.

Pero el viento la empolva y la molesta
sol picante la tuesta,
la ensucia el caracol impertinente
con pegajosa baba,
y apenas se le enjuga,
cuando voraz la oruga
su venenoso diente
una vez y otra vez en ella clava.
Se descolora la infeliz, se arruga,

y una ráfaga recia de solano
desparramó sus hojas por el llano.

Es el recogimiento
condición de las jóvenes precisa:
falta en la mocedad conocimiento
del suelo que se pisa.
La niña que imprudente,
sola y sin guía recorrer intente
la senda de la vida peligrosa,
tema la suerte de la indócil Rosa.

EL LATIGO

La Madre de un Muchacho campesino
ganaba de comer hilando lino,
y el Muchacho, grandísimo galopo,
le hurtaba una porción de cada copo.

Juntando las porciones, fue tejiendo
un látigo tremendo,
con villana idea
de zurrar a los chicos de la aldea.

Los ocios del amigo no eran buenos;
la intención, por lo visto, mucho menos.
Dióse a pelar la rueca tanta prisa,
que hubo la Madre de notar la sisa,
y registrando con afán prolijo
el arca donde el Hijo
guardaba con su ropa sus peones,
el látigo encontró de repelones.

Cogióle furibunda,
y al Muchacho le dio tan recia tunda,
que a contar de las piernas al cogote,
no le dejó lugar libre de azote,
diciendo, al batanarle de alto a bajo:
—¡Mira cómo te luce tu trabajo!

A robar te llevó tu mal deseo,
y con el robo yo te vapuleo.—

Siempre verás que el vicio
se labra por sus manos el suplicio.

EL AVARO Y EL JORNALERO

Todo su caudal guardaba
cierto Avariento cuitado
en onzas de oro, metidas
en un puchero de barro,
fue con su puchero al campo:
al pie de un árbol cavó,
y lo enterró con recato.
Amaneció al otro día
hambriento y desesperado
un Jornalero, sin pan
ni esperanza de ganarlo.
Sacudió las faltriqueras,
y hallándose en una un cuarto,
sale, se compra una soga,
y en seguida, como un rayo,
se va al campo, a que le quite,
los pesares el esparto.
Trataba de ahorcarse en fin,
y escogió para ello el árbol,
que era del tesoro en onzas
inmóvil depositario.
Al afianzar de una rama
bien la soga el pobre diablo,

se le hundió en el hoyo un pie,
y halló el puchero enterrado.
Cogióle, besóle y fuese,
y corriendo, a corto rato,
sus preciosas amarillas,
vino a visitar el amo.
La tierra encontró movida,
y el hoyo desocupado;
pero de puchero y onzas
no vio ni sombra ni rastro.
Reparó en la soga, entonces,
y haciendo a la punta un lazo,
se ahorcó para no vivir
sin su tesoro adorado
Así el puchero y la soga,
mal o bien se aprovecharon:
él en un hambriento, y ella
en el cuello de un avaro.

AMOR FILIAL

AMADO NERVO

Mexicano

Yo adoro a mi madre querida
yo adoro a mi padre también;
ninguno me quiere en la vida
como ellos me saben querer.
Si duermo, ellos velan mi sueño;
si lloro, están tristes los dos;
si río, su rostro es risueño;
mi risa es para ellos el sol.
Me enseñan los dos con inmensa
ternura a ser bueno y feliz.
Mi padre por mí lucha y piensa,
Yo adoro a mi madre querida,
yo adoro a mi padre también;
ninguno me quiere en la vida
como ellos me saben querer.

SINFONIA EN GRIS MAYOR

RUBEN DARIO

Nicaraguense

El mar como un vasto cristal azogado
refleja la lámina de un cielo de zinc;
lejanas bandadas de pájaros manchan
el fondo bruñido del pálido gris.

El sol como un vidrio redondo y opaco
con paso de enfermo camina al zenit;
el viento marino descansa en la sombra
teniendo de almohada su negro clarín.

Las ondas que mueven su vientre de plomo
debajo del muelle parecen gemir.
Sentado en un cable, fumando su pipa,
está un marinero pensando en las playas
de un vago, lejano, brumoso país.

Es viejo ese lobo. Tostaron su cara
los rayos de fuego del sol del Brasil;
los recios tifones del mar de la China
le han visto bebiendo su frasco de gin.

La espuma impregnada de yodo y salitre
ha tiempo conoce su roja nariz,
sus crespos cabellos, sus bíceps de atleta,
su gorra de lona, su blusa de dril.

En medio del humo que forma el tabaco
ve el viejo el lejano, brumoso país,
a donde una tarde caliente y dorada
tendidas las velas perdió el bergantín.

La siesta del trópico. El globo se aduerme.
Ya todo lo envuelve la gama del gris,
parece que un suave y enorme esfumino
del curvo horizonte borrara el confín.

La siesta del trópico. La vieja cigarra
ensaya su ronca guitarra senil,
y el grillo preludia su solo monótono
en la única cuerda que está en su violín.

ESTE ERA UN REY

JUAN DE DIOS PEZA
Mexicano

Ven, mi Juan, y toma asiento
en la mejor de tus sillas;
siéntate aquí en mis rodillas,
y presta atención a un cuento.

Así estás bien, eso es,
muy cómodo, muy ufano,
pero ten quieta esa mano;
vamos, sosiega los pies.

Este era un rey... me maltrata
el bigote ese cariño.
Este era un rey... vamos, niño,
que me rompes la corbata.

Si vieras con qué placer
ese rey... ¡Jesús! ¡qué has hecho!
¿Lo ves? en medio del pecho
me has clavado un alfiler.

¿Y mi dolor te da risa?
Escucha y ténme respeto:
este era un rey... deja quieto
el cuello de mi camisa.

Oír atento es la ley
que a cumplir aquí te obligo...
Deja mi reloj... prosigo.
Atención: este era un rey...

Me da tormentos crueles
tu movilidad, chicuelo.
¿Ves? has regado en el suelo
mi dinero y mis papeles.

Responde: ¿Me has de escuchar?
Este era un rey... ¡qué locura!
Me tiene en grande tortura
que te muevas sin parar.

Mas ¿ya estás quieto? Sí, sí,
al fin cesa mi tormento
Este era un rey, oye el cuento
inventado para tí...

Y agrega el niño que es ducho
en tramar cuentos a fe:
"Este era un rey... ya lo sé
porque lo repites mucho.

"Y me gusta el cuentecito
y mira, ya lo aprendí:
"Este era un rey", ¿no es así?
¡Qué bonito! ¡Qué bonito"!

Y de besos me da un ciento,

y pienso al ver sus cariños:
los cuentos para los niños
no requieren argumentos.

Basta con entretener
su espíritu de tal modo
que nos puedan hacer todo
los que nos quieran hacer.

Con lenguaje grato o rudo
un niño sin hacer caso
va dejando paso a paso,
a su narrador desnudo.

Infeliz del que se escama
con esas dulces locuras.
¡Si estriba en sus travesuras
el argumento del drama!

¡Oh, Juan! Me alegra y me agrada
tu movilidad tan terca;
te cuento por verte cerca
y no por contarte nada.

Y bendigo mi fortuna
y oye el cuento y lo sabrás
"Este era un rey al que jamás
le sucedió cosa alguna".

CUAUHTEMOC

JOSE SANTOS CHOCANO

Colombiano

Solemnemente triste fue Cuauhtémoc. Un día
un grupo de hombres blancos se abalanzó hasta él
y mientras que el imperio de tal se sorprendía
el arcabuz llenaba de huecos el broquel.
Preso quedó, y el indio, que nunca sonreía,
una sonrisa tuvo que se deshizo en hiel.
—¿En dónde está el tesoro? —clamó la vocería;
y respondió un silencio más grande que el tropel...
Llegó el tormento... y alguien de la imperial no-
quejóse. El héroe díjole, irguiendo la cabeza: [bleza
—¡Mi lecho no es de rosas!— y se volvió a callar.
En tanto, al retostarle los pies, chirriaba el fuego,
que se agitaba a modo de balbuciente ruego,
¡porque se hacía lenguas como queriendo hablar!

LA PRIMAVERA

JAIME TORRES BODET

Mexicano

¡Primavera! ¡Primavera!
¡La primavera no tarda!
¡Ya la rosa tempranera
se asomó sobre la barda;
ya me encontré a la lechera
montada en su mula parda...!
!Ya viene la primavera!

El campo está luminoso,
como encendido por dentro,
y tiene el alma en su centro
tan claro prisma de gozo,
en el campo luminoso
que está brillando por dentro.

¡Primavera! ¡Primavera!
Amaneció en los tejados
La flor de la primavera
está temblando de espera
en los hilos escarchados

de los almendros, nevados
de nieve tibia y ligera...

Los niños llevan sus aros
y brincan entre las rosas,
que les dan colores claros;
hasta el brinco de los aros
parece besar las rosas...
Los días despiertan claros
y llenos de mariposas...

Ya la dulce flor del año
tiene color en la rama...
¡Ya se coronó el castaño!
En primavera se ama:
es tan sutil en su engaño...
¡Amemos mientras el año
tenga una flor en la rama!

¡Primavera! ¡Primavera!
¡La primavera no tarda!
Ya la rosa tempranera
se asomó sobre la barda...
ya me encontré a la lechera
montada en su mula parda...
¡Ya vino la primavera!

HIMNO AL ARBOL

JUAN ZORRILLA DE SAN MARTIN

Uruguayo

Plantemos nuestros árboles, la tierra nos convida:
plantando cantaremos
los himnos de la vida:
los cánticos que entonan las ramas y los nidos,
los ritmos escondidos
del alma universal.
Plantar es dar la vida al generoso amigo
que nos defiende el aire,
que nos ofrece abrigo;
él crece con el niño, él guarda su memoria,
en el laurel es gloria,
en el olivo es paz.
El árbol tiene un alma que ríe entre las flores,
que piensa en sus perfumes,
que alienta en sus rumores;
él besa con la sombra de su frondosa rama,
él a los hombres ama,
él les reclama amor.
La tierra sin un árbol está desnuda y muerta,
callado el horizonte,

la soledad desierta;
plantemos para darle palabras y armonías,
latidos y alegrías
sonrisas y calor.
Proteja Dios el árbol que plante nuestra mano;
los pájaros aniden
en su ramaje anciano;
y canten y celebren
la tierra bendecida
que les infunde vida,
que les prodiga amor.

LOS SUEÑOS

ANTONIO MACHADO

Español

El hada más hermosa ha sonreído
al ver la lumbre de una estrella pálida,
que en el hilo suave, blanco y silencioso,
se enreda al huso de su rubia hermana.
Y vuelve a sonreír porque en su rueca
el hilo de los campos se enmaraña.
Tras la tenue cortina de la alcoba,
está el jardín envuelto en luz dorada.
La cuna, casi en sombra. El niño duerme
Dos hadas laboriosas lo acompañan,
hilando de los sueños los sutiles
copos en ruecas de marfil y plata.

EL BARRO

F. SCHILLER

Alemán

—¿Eres ámbar? —dijo un sabio
a un trozo de arcilla tosca
que halló al borde de la fuente—.
Debes serlo, pues tu aroma
tiene infinita dulzura
y fragancia seductora.
—Soy barro —dijo la arcilla,
con la humildad de la escoria—.
Soy barro, barro mezquino,
pero en edad no remota
guardé, siendo tosco vaso,
¡un ramillete de rosas!

EL EVANGELIO

FRANCISCO COPPEE

Francés

Jesús vagaba un día lentamente
con Pedro el Pescador, por el camino
de Galilea. El sol del mediodía
fatigaba los cedros y los lirios;
Jesús le hablaba a Pedro
de las cosas divinas. De improviso
vieron en el umbral de una cabaña
sombreada por verdes tamarindos,
a una mujer del pueblo, una viuda
que con gesto tranquilo,
hilaba un copo de algodón, en tanto
que, con gesto tranquilo,
mecía dulcemente
la blanda cuna en que jugaba un niño.
Bajo un árbol feraz se detuvieron
a observarla, el Maestro y el discípulo.
Súbito, un viejo octagenario, un hosco
y escuálido mendigo
que sostenía fatigosamente
un cántaro colmado, ante el sencillo

hogar detuvo el paso, y a la viuda:
—Buena mujer —le dijo—,
si hay en tu corazón misericordia
ayúdame a llevar hasta el vecino
pueblo esta carga fatigosa y dura.
La viuda con un gesto compasivo
tomó el vetusto cántaro de arcilla
y, abandonando al niño
y el huso vibrador, tras el anciano
echó a andar por el áspero camino.
Pedro, indignado, prorumpió:
—Maestro
esta mujer mal hizo
en dejar a su hijo abandonado,
a merecer del azar, por un mendigo.
Y Jesús le repuso con su acento
de hondas dulzuras:
—En verdad te digo,
el pobre que no niega su socorro
al que lo ha menester, será bendito.
Con bondad indecible,
el Maestro Divino
sentóse en el umbral de la cabaña,
hizo girar el huso cantarino
entre sus manos y meció la cuna
sonrosada del niño;
después se puso en pie a, pasos lentos,

se alejó sonriente y pensativo.
Cuando la viuda regresó, sus ojos
miraron sorprendidos
el fácil copo de algodón hilado
y el niño blandamente adormecido.

EL JILGUERO

LEOPOLDO LUGONES

Argentino

En la llama del verano,
que ondula en los trigales
sus regocijos triunfales
canta el jilguero ufano
Canta, y al sol, peregrino
de su garganta amarilla,
trigo nuevo de la trilla
tritura el vidrio del trino.
Y con repentino vuelo
que lo arrebata, canoro,
como una pavesa de oro.
cruza la gloria del cielo.

LA CURRUCA

Crr... ric-Crrr... rrric En la pared que trepa
como un ratón (le llaman la ratona),
en la torre, en el césped, en la cepa,
resalta su minúscula persona.

Con algo de tarántula y avispa,
corre o vuela, y se engríe bravamente
la prez del ruiseñor, su alto pariente,
en su vivaz crepitación de chispa.

Allá en el caballete de ladrillos
que alberga, con desdén de todo asalto,
un rosado primor de huevecillos,
canta, al sol de las doce, el pico en alto.

Parece que el fulgor lo traspasara,
roto en un vidrio en vívido chapuz.
Y como un botijillo de agua clara
Desborda enajenándose de luz.

U M B R A L

ARTURO CAPDEVILA

Argentino

En el umbral sentado,
de niño discurría:
En un caballo negro,
una tarde me iría.
Mi madre por la casa,
¡cómo me llamaría!
Por la ciudad mi padre,
¡cómo me buscaría!
Andando mi caballo
con mucha gallardía,
a no sé qué comarca
sin nombre llegaría.
Una princesa rubia,
rubia me esperaría.
Proezas del camino
sin fin le contaría.
Y como bien se sabe
que la enamoraría ,
con ella en una iglesia
blanca me casaría.

Mi madre, bien sabido
que nos bendeciría.
Mi padre, por seguro
que nos perdonaría,
y a todos los amigos
mi historia contaría;
¡Bandido de muchacho!
¡Quién nunca lo daría!
Y la ciudad entera
se maravillaría.
Con esto abro los ojos
ebrios de fantasía.
Pero del propio sueño
corriendo, ya corría.
Corría por la casa:
"Ven, madre", repetía.
Madre, la dulce madre,
jamás la dejaría.
Me le colgaba al cuello...
Nadie, por qué, sabía...

LA TOS DE LA MUÑECA

GERMAN BERDIALES

Argentino

Como mi linda muñeca
tiene un poquito de tos,
yo, que en seguida me aflijo,
hice llamar al doctor.
Serio y callado, a la enferma
largo tiempo examinó,
ya poniéndole el termómetro.
ya mirando su reloj.
La muñeca estaba pálida,
yo temblaba de emoción,
y, al fin, el médico dijo,
bajando mucho la voz:
—Esta tos sólo se cura
con un caramelo o dos.

EN TUS BRAZOS

GERMAN BERDIALES

Mamita, mamita,
si tú fueses árbol,
tu hijito en tus ramas
quisiera ser pájaro.
Si tú fueses río
que al mar va cantando,
tu hijito en tus aguas
quisiera ser barco.
Mamita, mamita,
si fueses un río
o fueses un árbol,
tú me acunarías
igual en tus brazos.

Indice

Esta edición consta de 3,000 ejemplares que se imprimieron en el mes de septiembre de 1981, en los Talleres de Offset Alfaro Hnos., S. A.,